VENTE
Du Jeudi 19 Mars 1908
HOTEL DROUOT, SALLE N° 10
A DEUX HEURES

ANTIQUITÉS

APPARTENANT A M. X...

COMMISSAIRE-PRISEUR
M° HENRI BAUDOIN
Successeur de M° Paul CHEVALLIER

EXPERTS
MM. ROLLIN & FEUARDENT

CATALOGUE

DES

ANTIQUITÉS

Poterie, Terres cuites, Verrerie
Bronzes, Plombs, Ivoires et Bois sculptés
Orfèvrerie, Médailles et Sceaux
Marbres, etc.

APPARTENANT A M. X...

ET DONT LA VENTE

Pour cause de départ, aura lieu, à Paris

HOTEL DROUOT, SALLE N° 10

LE JEUDI 19 MARS 1908

à deux heures

COMMISSAIRE-PRISEUR	EXPERTS
Me HENRI BAUDOIN	MM. ROLLIN & FEUARDENT
Successeur de Me Paul CHEVALLIER	4, rue de Louvois
10, rue Grange-Batelière	PARIS

Exposition une heure avant la vente

CONDITIONS DE LA VENTE

Elle sera faite *au comptant*.

Les adjudicataires paieront *dix pour cent* en sus des enchères.

Paris. — Imp. de l'Art, Ch. BERGER ET Cⁱᵉ, 41, rue de la Victoire.

DÉSIGNATION

ANTIQUITÉS

POTERIE

1. Amphore à figures rouges sur fond noir. A l'avers, trois personnages en costume scythe ; au revers, trois éphèbes grecs. — Haut., 31 cent.

2. Amphore d'Apulie. Deux femmes debout ; l'une d'elles porte son manteau, replié, sur le bras droit, et un plateau à la main gauche. ℞ Deux adolescents devant une stèle sépulcrale. — Haut., 35 cent.

3. Aiguière cannelée ; sur le devant, deux cygnes peints en blanc. — Haut., 34 cent.

4. Lécythe d'Apulie. Femme accoudée sur une vasque ; devant elle, l'Amour hermaphrodite.

5. Grand vase en forme d'outre, la panse ornée de quelques nervures verticales, l'embouchure tréflée, l'anse accompagnée d'un anneau de suspension. Terre rouge pâle. — Haut., 40 cent. Trouvé en Espagne, près de Tarragone.

6. Huit vases gallo-romains en terre grise et rouge.

7. Lampe. Sujet : derrière une truie, le renard sur un arbre. Couverte brune.

8. Lampes. Léda et le cygne, la colombe chrétienne, etc. Six pièces, dont l'une émaillée de vert.

TERRES CUITES

9. Rondelles égyptiennes figurant des fleurs, en frite émaillée de blanc et de jaune.

10. Très jolie tête de Vénus étrusque, parée d'un collier de pendeloques. Terre pâle. — Haut., 20 cent.

11. Joueuse de lyre, coiffée d'un *polos*.

12. Autre, jouant du *trigonon*.

13. Femme tenant un éventail en forme de feuille.

14. Jeune guerrier armé d'un bouclier.

15. Jeune femme voilée.

16. Femme assise sur une pierre cubique.

17. Femme couchée, coiffée d'un bonnet phrygien.

18. Enfant monté sur une oie.

19. Femme assise sur un cheval.

20 à 22. Deux enfants assis, et un peson façonné en masque.

23. Jeune femme debout, vêtue d'une tunique et d'un manteau, le bras droit appuyé sur la hanche. Beau style. — Haut., 305 millim.

24. Autre, debout sur une base plate ; pendant de la précédente. — Haut., 33 millim.

25. Enfant assis, coiffé d'un bonnet phrygien. — Haut., 42 cent. — Bras gauche brisé.

26. Autre, sans coiffure ; les deux bras et la jambe droite manquent.

27. Belle tête de Fleuve en relief découpé ; ancien style grec.

28-29. Deux cavaliers chypriotes de très ancien style.

30 à 32. Aurige, cynocéphale, buste de l'enfant Horus.

33-34. Grappe de raisin votive et petit autel portatif.

35. Un lot de fragments de figurines, etc.

VERRERIE

36. Coupe profonde en verre translucide. — Diam., 19 cent.

37. Petite amphore ; même pâte.

38. Flacon cylindrique ; belle irisation nacrée.

39. Verre à boire, les parois très minces.

40. Petit flacon pomiforme, orné d'une balustrade à jour.

41. Petit flacon cannelé.

42. Petit lécythe ; anse à double tige.

43 à 45. Trois flacons à longs cols.

BRONZES

I. BRONZES ÉGYPTIENS

46. Isis assise, allaitant le jeune Horus. La déesse est coiffée du disque entre les deux cornes et vêtue d'une robe collante. Patine verte. — Haut., 29 cent.

47. Même sujet. Les montants du trône d'Isis sont façonnés en lions ; patine vert pâle. — Haut., 30 cent.

48. Horus jeune dans l'attitude de la marche, la jambe gauche avancée, l'index de la main droite à la bouche. Le dieu est coiffé du double pschent ; sur le devant de la base, une légende hiéroglyphique. Belle patine luisante. — Haut., 25 cent.

49. Ammon dans l'attitude de la marche. Il porte la barbiche au menton, un pagne autour des reins, et, sur la tête, le mortier surmonté de la coiffure atef. Hiéroglyphes sur les quatre faces du socle. — Haut., 30 cent. Base en porphyre.

50. Grande figurine d'Ammon debout, dans la même attitude et avec un triple collier sur les épaules. Les yeux sont incrustés d'or et d'argent. La coiffure atef, le bras gauche et le devant du socle manquent. Légende hiéroglyphique. Patine verte. — Haut., 30 cent.

51. Le taureau Apis en marche ; disque entre les cornes, collier et housse quadrillée. Socle en brèche rouge. — Haut., 12 cent.

52 à 56. Isis allaitant Horus. — Trois Osiris. — Petit cro-
codile sur une base.

II. FIGURINES GRÉCO-ROMAINES, ETC.

57. Hercule jeune, debout et sans draperie, le bras droit
abaissé, l'autre tendu en avant. Belle patine vert pâle,
luisante. Socle en bronze antique. — Hauteur totale,
20 cent.

58. Hercule jeune, debout, la peau de lion sur la poitrine,
un vase à la main droite. Socle en bronze antique. —
Hauteur totale, 187 millim.

59. Néréide assise sur un taureau marin; des deux mains,
elle tient son voile qui forme comme une auréole autour
de sa tête. Art de la décadence, sujet rare. — Haut.,
17 cent.; long., 19 cent.

60. Adolescent nu, debout; son bras gauche s'appuyait sur
un sceptre, sa main droite tient une patène à libations.
Bronze italique. Socle en jaune de Sienne. Haut., 15 cent.

61. Jupiter debout, drapé dans un manteau qui laisse la poitrine à découvert; le bras droit levé et brandissant la
foudre. Art de la décadence. Socle en jaune de Sienne.
Haut., 16 cent.

62. Vénus nue et diadémée, debout dans l'attitude de la
Vénus de Médicis. Haut., 135 millim.

63. Adorante diadémée, tenant une boîte à encens et une
patène à libations. Socle en jaune de Sienne. Haut.,
125 millim.

64. Hercule étrusque, imberbe, debout, portant la massue et la peau de lion et tenant un rhyton. Belle patine vert clair. Socle en marbre. — Haut., 10 cent.

65. Adorant étrusque, nu, couronné de lierre et tenant une coupe. Belle patine vert clair. Socle en marbre. — Haut., 115 millim.

66. Némésis debout, les jambes croisées. Socle en jaune de Sienne. — Haut., 10 cent.

67. Hercule italique, coiffé d'une feuille d'arbre et tenant une pomme à la main gauche. Patine luisante. Socle en jaune de Sienne. — Haut., 11 cent.

68. — Isis assise, tenant au bras gauche une corne d'abondance; la main droite manque.

69. L'empereur Auguste en sacrificateur, la tête voilée. Une partie du bras droit manque.

70. Petit buste de Jupiter Sérapis, coiffé du boisseau.

71. La Fortune, diadémée et tenant le gouvernail et la corne d'abondance.

72. Adorante tenant une pomme et une patène à libations.

73. Petit lare romain.

74. Très jolie petite figurine du Mercure grec drapé et tenant la bourse et le caducée. Socle en brèche rouge.

75. Petit Mercure gallo-romain, le manteau sur l'épaule. Caducée absent.

76. Autre, un peu varié.

77. Vénus étrusque couchée sur un cygne.

78. Lot de sept figurines variées.

79. Bras gauche humain, de grandeur naturelle, les doigts de la main repliés.

80. Buste découpé de satyre, à g.; il est couronné de lierre, barbu et vêtu d'une nébride.

81-82. Buste de femme (peson de balance) et masque de femme.

83. Bélier.

84. Griffon marin. — Socle en jaune de Sienne.

85. Cheval passant; lampe munie d'une chaînette de suspension.

86. Taureau debout sur sa base antique.

87. Petit taureau cornupète.

88-90. Panthère femelle, le cou pris dans une couronne de lierre. Autre, accroupie devant un vase bachique. Autre, marchant.

91. Aigle tenant un petit quadrupède par la queue.

92. Buste de cheval. Petit taureau. Bélier. Pieds de ciste, etc. En tout, sept pièces.

93. Animal monstrueux ressemblant aux dragons des légendes du Moyen Age.

III. VASES ET USTENSILES DE BRONZE

94. Grande situle étrusque, montée sur trois pieds ; belle patine verte et luisante.

95. Autre, avec son anse mobile et son déversoir en tête de lion. Les graffites de la panse sont modernes.

96. Flacon orné de deux collerettes ciselées ; sur la panse, le graffite : NATALE †.

97. Petite situle avec son anse mobile ; la panse s'évase vers le bas.

98. Vase d'ancien style étrusque, orné de quatre masques en relief et suspendu à trois chaînettes. Forme très rare.

99. Petite aiguière étrusque, l'anse surélevée.

100. Aiguière grecque d'ancien style, à goulot trilobé.

101. Vase en forme de van bachique, la poignée ciselée et ornée d'un oiseau en ronde bosse.

102. Casserole gallo-romaine en bronze étamé.

103. Petite coupe, les anses remplacées par deux colombes battant des ailes.

104 à 106. Patène ombiliquée (fruste). Autre, étrusque. Petit plateau ovale aux pouciers ornés de ciselures.

107. Un lot d'anses de situles, etc., à décor ciselé.

108. Grande lampe à deux becs, la poignée recourbée en avant et figurant une tête de griffon, à col stylisé.

109. Lampe chrétienne, la poignée à deux tiges, avec décor
ajouré et deux croisettes.

110. Autre, la poignée en forme de palmette et ornée d'une
croix à six branches.

111. Lampe romaine, la poignée amortie par une tête de
mulet avec son encolure.

112. Lampe à entonnoir et à poignée découpée.

113. Autre, la poignée en forme de buste de cheval stylisé.

114. Autre, la poignée à deux tiges qui se dissimulent derrière une pièce découpée.

115. Lampe romaine, le dessus percé de trous.

116. Petite lampe, la poignée en forme de feuille, le couvercle conique et percé de trous.

117. Autre; sur le dessus, en relief, deux baigneuses devant
une vasque.

118. Petite lampe à deux becs, le couvercle orné d'une tête
de taureau en relief.

119. Escabelle étrusque, les quatre faces ajourées, le dessus
ondulé. Pièce très rare.

120. Trépied étrusque. Support de vase, les montants façonnés en jambes humaines, chaussées de brodequins.

121. Petit candélabre, le fût en spirale, la base composée de
trois jambes humaines nues, sortant de dessous une
draperie.

122. Montant d'un grand trépied ; à mi-hauteur, un groupe en ronde bosse, figurant un adolescent nu déchiré par une panthère. — Haut., 1 mètre.

123. Neuf hachettes gauloises de formes variées.

124. Miroir à manche ; belle patine verte.

125. Miroir étrusque gravé (sujet : une Lasa ailée).

126. Deux strigiles, dont l'un avec son anneau de suspension.

127. Paire de pendeloques en cuivre doré.

128. Collection de fibules, dont plusieurs très anciennes.

129. Fragments d'ustensiles et d'ornements en bronze.

PLOMB

130. Pied gauche avec sa chaussure romaine ; grandeur naturelle.

131. Petite coupe ornée de reliefs égyptiens.

IVOIRE ET BOIS SCULPTÉ

132-133. Deux petites figurines de femmes nues, les bras collés au corps.

134. Tête de bélier en relief, fruste. Beau style.

135. Cinq fragments figurant une fête bachique ; décor de meuble.

136. Quatorze fragments d'un revêtement de meuble (feuillages).

137. Victoire soulevant des deux mains sa draperie; manche d'outil.

138-140. Bacchante; Amour et panthère; faune portant une ciste mystique et un pedum. Trois fragments de garnitures de meubles.

141. Tête et encolure de cheval; manche de fouet.

142. Épingle à cheveux dans sa gaine; le couronnement de l'épingle figure une main droite de femme tenant un fruit.

143. Épingle couronnée d'une tête de femme, et petite cuillère.

144. Jolie petite pyxis. Sur le tour, deux amours couchés, l'un tendant à l'autre une couronne de fleurs; sur le couvercle, un buste de femme voilée.

145. Fragments divers de sculptures en ivoire.

146. Peigne liturgique du Moyen Age, en bois. Au milieu, un lion ajouré. — Haut., 20 cent.

ORFÈVRERIE

147. Bague d'or, sertie d'un jaspe vert (*Sujet* : femme accroupie).

148. Bague, le chaton en or (fleurette filigranée), l'anneau en argent.

149. Bague d'or, le chaton formant deux disques de verre rouge; sur l'anneau, l'inscription : EPRIO-VRIOCI (?).

150. Bague d'argent, sertie d'une agate gravée (*Sujet : lion devant un ange*).

151. Bague de l'époque franque. Chaton carré, orné de verroterie.

152. Petite plaque d'or estampée (décor géométral).

153. Masque de Méduse (barbare) en breloque.

154. Agrafe franque en cuivre plaqué d'or et incrusté de verroterie.

155. Autre ; au centre, un cabochon rouge.

156. Paire de petites agrafes franques en cuivre plaqué d'or.

157. Camée en agatonyx (masque de Méduse), serti dans une feuille d'or, avec bélière.

158. Boucles d'oreilles de formes diverses (deux paires et une pièce dépareillée).

159. Épingle d'or franque, décorée d'un pyramidion en pâtes rouges.

160. Fibule d'or, amortie par une tête de bélier. Style étrusque.

161. Pendeloque (grappe de raisin) en or ajouré.

162. Plaque d'or émaillée vénitienne, représentant le crucifix, avec l'inscription : IHSYS XPISTYS NICA.

163. Pendeloque en argent doré et filigrané, sertie de trois grandes pâtes de verre.

164. Cassolette en forme de paon en cuivre doré.

165. Masque du dieu Pan en or estampé. Style antique.

166. Petite amphore en or estampé, chaque face décorée d'un relief (Homme assis devant un autel et femme tenant une lyre. — Femme tenant un sceptre, debout devant un serpent enlacé autour d'un bâton). Style de la Renaissance.

167. Collier formé de boules et d'anneaux à tranche filigranée.

168. Collier dans le style étrusque. Il se compose de trois grands médaillons historiés et de quatorze pendentifs.

MÉDAILLES ET SCEAUX

169. Un lot de médailles antiques et modernes, et quelques sceaux.

170. Deux sous d'or de l'empereur Léon.

171. Cinq pièces d'or des rois visigoths.

GLYPTIQUE

172. Un grand lot de camées, de pierres gravées et de terres
émaillées égyptiennes.

MARBRES, ETC.

173. Tablette en schiste noir, couverte, sur ses deux faces,
de légendes cunéiformes.

174. Petit buste de Jupiter; art de la décadence.

175. Masque de Silène couronné de lierre.

176. Frise en mosaïque, figurant une branche de lierre.

SUPPLÉMENT

177. Buste colossal de Marcus Agrippa, en bronze. Il porte
la cuirasse ornée d'un masque ailé de Gorgone, et le pa-
ludament. — Haut., 90 cent.

178-179. Deux beaux bustes en marbre blanc, représentant
Commode jeune et sa femme Crispine. L'impératrice est
vêtue d'une tunique et d'un manteau; l'empereur porte
une draperie agrafée sur l'épaule droite. — Haut.,
70 cent. (avec les socles.)

180. Objets non catalogués.